# Inhalt

# Richtig Bewerben und Traumjob ergattern!!!

Worauf es beim Bewerbungsanschreiben, dem Lebenslauf

und dem Vorstellungsgespräch wirklich ankommt.

Inklusive der besten Vorlagen

*Der Bewerbungsprofi*

# Vorwort

Liebe Leserin und lieber Leser,

Schön, dass du dich für dieses Buch entschieden hast. Vermutlich steckst du grade mitten im Bewerbungsprozess und benötigst mehr Informationen darüber, wie du die perfekte Bewerbung schreibst. Der gesamte Bewerbungsprozess ist natürlich zeitintensiv und für den ein oder anderen auch nervenaufreibend. Dass muss selbstverständlich nicht sein, denn mit den richtigen Informationen rund um die Bewerbung sollte das Anfertigen deiner Bewerbung kein Problem mehr sein. Leider haben nur die wenigsten von uns in der Schule oder der Universität gelernt, wie eine richtig gute Bewerbung auszusehen hat und so ist der Bewerbungsprozess immer mit Unsicherheiten verbunden: Ist mein Bewerbungsschreiben sinnvoll? Habe ich alle notwendigen Informationen mit eingebracht und welchen Eindruck hinterlässt die Gestaltung meiner Bewerbung? Diese und viele weitere Fragen werden dir wahrscheinlich bereits durch den Kopf gegeistert sein, schließlich möchtest du genau die passende Bewerbung für deinen (hoffentlich) Traumjob abliefern. Da du, wie jeder andere, die Gedanken des Personalchefs lesen kannst, bleibt dir ohne weitere Informationsquellen nur übrig zu „erraten", wie eine perfekte Bewerbung auszusehen hat. Das möchte ich mit diesem Buch ändern, denn auch ich habe schon viele Bewerbungen in meinem Leben geschrieben und dabei leider einige wertvolle

Lebenszeit verschwendet – und zwar, weil ich Zeit in das Schreiben minderwertiger Bewerbungen verschwendet habe. Ich hätte mich vermutlich für wesentlich weniger Jobs bewerben müssen, wenn meine Bewerbung von Anfang an auffallend gut gewesen wäre. Das wissen, was ich mir im Laufe der Zeit im Hinblick auf die Anfertigung tatsächlich überzeugender Bewerbungen erarbeitet habe, möchte ich mit dir in diesem Buch teilen. Was dich in diesem Buch erwartet, ist also ein praktischer Leitfaden hin zur perfekten Bewerbung mit vielen Beispielen, Tipps und Tricks. Wichtig ist, dass deine Persönlichkeit und deine Fähigkeiten optimal zum Ausdruck kommen, sodass direkt klar wird, dass du die passende Bereicherung für das angesteuerte Unternehmen bist – dazu wirst du erarbeiten, welche Qualifikationen gefragt sind und welchen Mehrwert du durch deine Fertigkeiten zu bieten hast. Es geht in den meisten Fällen nämlich nicht darum bereits 17 Jahre Berufserfahrung in Peking zu haben oder 4 unbezahlte Praktika in der USA und 3 abgeschlossene Studiengänge absolviert zu haben, sondern vielmehr darum die unternehmerische Lücke im Betrieb durch deine besonderen Fähigkeiten zu füllen – genau, es geht um die Fähigkeit die Forderung des Unternehmens zu erkennen und mit einem Schlag intelligenter, fachspezifischer Sahne zu garnieren. Darüber hinaus erhältst du noch einige nützliche Hinweise für die Anfertigung eines eindrucksvollen Lebenslaufes und selbstverständlich darf eines nicht fehlen: Tipps für das Bewerbungsgespräch. Hierbei werden wir uns nicht nur die gängigsten Fangfragen genauer ansehen, sondern auch deinen Auftritt an deine perfekte Bewerbung anpassen, die diesem Bewerbungsgespräch vorausgegangen ist.

Ich wünsche dir viel Spaß beim Lesen, beim Lernen und natürlich viel Erfolg beim Bewerben!

# Kapitel 1: Bevor du loslegst...

Bevor du mit dem Schreiben deiner perfekten Bewerbung loslegst, solltest du dir klar darüber werden, was du möchtest und woher du es bekommst. Vielleicht denkst du dir jetzt „Ja, ich habe BWL studiert, es ist doch klar, was ich möchte?!" – jein. Einerseits bestimmt deine schulische Ausbildung natürlich die grobe Richtung, aber hast du dir bereits Gedanken darüber gemacht, was genau dich in deinem Arbeitsalltag erwarten soll? Nur die wenigsten haben eine ganz klare, genaue Vorstellung dessen, was im Arbeitsalltag auf sie warten soll. Vielmehr werden Ausbildungen, Studiengänge und Jobs gewählt, weil sie grob der richtigen Richtung entsprechen. Das ist natürlich nur so lange sinnvoll, wie man selber nicht genau weiß, was man möchte. Die Motivation bleibt hier bei den meisten auf der Strecke, weil die eigenen starken Fertigkeiten und Fähigkeiten nicht zum Tragen kommen. Dem einen mag es helfen einen professionellen Persönlichkeitstest oder einen Berufsberatungstest zu absolvieren, der andere weiß möglicherweise bereits, was er kann und was er möchte oder hat aus vorangegangenen negativen Erfahrungen gelernt. Um herauszufinden, was du tatsächlich möchtest, solltest du dir ein wenig Zeit nehmen, denn das ist auch für deinen zukünftigen Arbeitgeber enorm wichtig zu wissen. Engagierte Arbeitgeber suchen nach dem „perfect fit“ und nicht nach „fits somehow“. Du musst also genau wissen, was du zu bieten hast und wo du hinmöchtest. Bevor du also mit der Evaluation der verschiedenen Jobangebote loslegst, solltest du dir einige Fragen ehrlich und in Ruhe beantworten:

- Bist du bereit für deinen Job umzuziehen, welche Fahrtwege sind für dich annehmbar?
- Welche Bezahlung ist angemessen und welche ist für dich zufriedenstellend?
- Welche Arbeitszeiten passen zu dir?
- Wie viel Verantwortung möchtest du übernehmen?
- Welche deiner Fähigkeiten möchtest du im Alltag anwenden?
- In welcher Form möchtest du Mitarbeiter- und Kundenkontakt?
- Welchen Anspruch hast du an die ethische Ausrichtung des Unternehmens?
- Wo siehst du dich in fünf Jahren?
- Was sind deine Stärken und welches sind deine Schwächen?
- Welche Kriterien müssen erfüllt werden, welche Kompromisse bist du bereit einzugehen?

Vermutlich wirst du nicht auf den ersten Blick den perfekt passenden Job finden und wenn doch – herzlichen Glückwunsch! Die meisten von uns müssen hier und da kleinere (oder auch größere) Kompromisse eingehen und es tut dir und dem Unternehmen gut, wenn du diese Kompromisse klar reflektiert eingehst. So weißt du, was auf dich zukommt und kannst motiviert, offen und ehrlich in dein Vorhaben starten. Auch wenn du möglicherweise in der Vergangenheit negative Erfahrungen im Berufsleben gemacht hast und ein wenig demotiviert bist, solltest du dich jetzt von diesen negativen Erinnerungen befreien und dir klar machen, dass es sich hierbei um einen Neuanfang handelt. Die vorherigen negativen Erfahrungen waren höchstwahrscheinlich gute Lernchancen und wenn du immer noch an ihnen zu knabbern hast, dann weil du noch nicht deine Lehre daraus gezogen hast. Damit dich diese vergangenen Erfahrungen nicht beim Schreiben deiner Bewerbung blockieren, solltest du dir jetzt jede einzelne von ihnen vornehmen und herausfinden, was du positives aus dieser Situation gelernt hast. Vielleicht solltest du in Zukunft andere Grenzen ziehen, dich nicht unter Wert verkaufen oder möchtest die Chance haben dich innerhalb des Unternehmens hochzuarbeiten. Was auch immer dein Fazit aus deinen vergangenen Erfahrungen ist, nutze es, um dir darüber klarzuwerden, was du von deiner beruflichen Zukunft erwartest.

## Hier findest du konkrete Jobangebote

Die Zeiten, in denen wir Jobs von unseren Eltern vererbt bekommen oder nach entsprechenden „Aushilfe gesucht"-Schildern in Schaufenstern aushalten mussten, sind lange vorbei. Einerseits super, denn jetzt hat jeder die Möglichkeit genau das zu machen, was er tatsächlich möchte – aber andererseits bringt diese berufliche Freiheit auch eine große Verantwortung mit sich. Schließlich ist es jetzt deine Aufgabe sich um das Einholen passender Jobangebote zu kümmern. Ganz klassisch findest du immer noch Anzeigen in der Zeitung, aber die wohl elegantere Weise ist sich im Internet auf diversen Jobportalen umzusehen. Neben den gängigen Jobportalen gibt es auch über Plattformen wie Linkedin die Möglichkeit sich selbst detailreich zu präsentieren und sich mit verschiedenen Unternehmen zu verknüpfen. Diese Chancen solltest du nicht außer Acht lassen, denn auch dort verstecken sich möglicherweise großartige Stellenangebote. Um einen ungewöhnlichen oder ungewöhnlich passenden Job zu finden, lohnt es sich auch (noch) ungewöhnliche Felder zu betreten. Ganz nebenbei und unter uns: Die Form der Initiativbewerbung gibt es auch! Wenn du also bei deinen Recherchen auf ein Unternehmen triffst, was dich absolut umwirft, aber keine offenen Stellen ausgeschrieben hat, dann zögere nicht und setze dich an eine Initiativbewerbung. Vielleicht fällt dir noch eine andere Methode an, um passende Arbeitgeber zu finden? Versuche dir ein Netzwerk aufzubauen, von dem du lebenslang profitierst. Denn gute Verbindungen können dir auch in deinem nächsten Job nützen.

Welche dieser Plattformen und Möglichkeiten du nutzen möchtest, bleibt dir überlassen. Ich empfehle dir dich einige Tage intensiv mit den Angeboten auseinanderzusetzen, damit du einen guten Überblick über die momentane Marktsituation hast. Da du im Idealfall schon vorher festgelegt hast, wie dein zukünftiger Job beschaffen sein sollte, weißt du bereits, wonach du suchst. Achte darauf, dass sich die Unternehmen seriös präsentieren und alle für die Bewerbung/Jobposition relevanten Informationen mit dir teilen. Je genauer sich das Unternehmen zu der offenen Stelle äußerst, desto besser weißt du, was von dir gefordert wird und ob du dich darauf einlassen möchtest. Diese Vorauswahl zu treffen ist zwar zeitintensiv, erspart dir aber das Anfertigen einiger unnötiger Bewerbungen und möglicherweise im Sande verlaufenen Bewerbungsgespräche. Ich empfehle dir nicht nur auf ein Unternehmen zu setzen, sondern wie man an der Börse sagt: Deine Investition zu streuen. Lege also nicht alle Eier in einen Korb, auch wenn deine Bewerbung noch so gut ist. Dadurch, dass du dir mehrere Unternehmen für deine Bewerbung aussuchst, hast du nicht nur die Möglichkeit deine Bewerbungstechnik stetig zu verfeinern, sondern möglicherweise auch bei einem Bewerbungsgespräch konkrete Erfahrungen zu sammeln. Selbst wenn die ersten paar Bewerbungsgespräche nicht erfolgreich sein sollten, ist es dennoch wichtig diese Erfahrungen zu machen. Denn diese vermeintlich „verpatzten“ Bewerbungsgespräche sind in Wirklichkeit ideale Übungssituationen, die es dir ermöglichen dein Vorgehen zu perfektionieren. Lege also eine für dich sinnvolle Anzahl an Bewerbungen fest, die in bestimmten Zeiträumen versenden möchtest. Dies kommt ganz auf deine individuelle Lebenssituation an und somit kann ich dir diese Anzahl nicht pauschal vorgeben. Wenn deine Finanzen noch über die nächsten sechs Monate gesichert sind, dann kannst du dich darauf konzentrieren möglichst passende Angebote herauszufiltern. Möchtest du am liebsten heute als morgen in deinem neuen Beruf stecken und bist kompromissbereit, dann leg los und schreib´, was das Zeug hält.

## Das Unternehmen kennenlernen

Nun hast du zuerst dich näher kennengelernt und danach die verschiedenen Stellenangeboten auf den unterschiedlichen Plattformen. Was jetzt noch fehlt, ist das Detailwissen über die von dir ausgewählten Unternehmen. Während du dich über ein Unternehmen informierst – und das möglichst nicht nur über die Website des Unternehmens – kannst du dich bereits in die Lage eines erfolgreichen Arbeitnehmers versetzen. Filtere dabei alle Informationen über das Unternehmen an sich und die für dich interessante Stelle im Besonderen heraus. Praktisch ist es, wenn du dir diese Informationen aufschreibst, dann kannst du sie später leichter in deinem Bewerbungsschreiben verwenden. Dabei solltest du ganz intensiv auf die Parallelen zwischen dir und dem Unternehmen/der Stelle achten – welches Ziel hat das Unternehmen und in welchem Maße entspricht das deinem Ziel? Welche Fähigkeiten werden vom Unternehmen benötigt und welche Fähigkeiten bringst du mit? Welche Entwicklungsfähigkeiten bietet das Unternehmen und wo siehst du dich in fünf Jahren? Es reicht völlig, wenn du dir diese Erkenntnisse stichpunktartig festhältst. Im Endeffekt geht es darum bei der Bewerbung und beim Bewerbungsgespräch ein Experte für das Unternehmen, die Stelle und die eigene Person zu sein und diese Expertisen in Einklang zu bringen. Schaffst du das? Schaffst du!

Der nächste Schritt ist, sich näher mit der ausgeschriebenen Stelle an sich zu befassen. Dazu musst du nun ein wenig Recherchieren, denn welche Lücken du bei dem einstellenden Betrieb füllen sollst oder kannst, ist natürlich von Betrieb zu Betrieb ganz unterschiedlich. Diese Recherche erfordert natürlich ein wenig Zeit, ist aber die Mühe allemal wert, wenn du dich von deinen Mitbewerbern deutlich positiv absetzen möchtest. Mache dir zu folgenden Fragestellungen Notizen:

- Welche fachlichen Kompetenzen sind gefragt?
- Welche sozialen Kompetenzen kannst du miteinbringen?
- Welche deiner Stärken ist für die ausgeschriebene Stelle relevant?
- Welche Kompetenzen sind in der Stellenausschreibung gefragt und welche davon kannst du toppen?
- Welche Vision hat das Unternehmen und wie kannst du zu dieser Vision beitragen?
- Welche deiner Fähigkeiten sind besonders selten und nützlich?
- Welche zusätzlichen Qualifikationen bringst du mit und in welchem Maße können diese dem Unternehmen nützen?
- Welche deiner vorausgegangenen Erfahrungen haben dich in welcher Form auf die ausgesuchte Position vorbereitet?

Je nach Art der Stellenausschreibung wirst du mit weiteren Fragen konfrontiert, die es natürlich auch zu beachten gilt. Deine Vorarbeit ist hiermit abgeschlossen und im nächsten Kapitel geht es darum, was zu deiner perfekten Bewerbung noch dazugehört.

# Kapitel 2: Was zu deiner perfekten Bewerbung dazugehört

Da du wahrscheinlich nichts über die Person weißt, die deine Bewerbung lesen wird, musst du deine Bewerbung so unmissverständlich, sachlich, fehlerfrei und überzeugend, wie es eben nur möglich ist, gestalten. Eine solch durchdachte Bewerbung anzufertigen, ist natürlich zeitintensiv, erhöht aber deine Chancen die angepeilte Stelle zu bekommen um ein Vielfaches. Schließlich möchtest du dich von deinen Mitbewerbern absetzen und mit einer ausdrucksstarken Bewerbung glänzen. Aus der Bewerbung sollen deine einzigartigen Fähigkeiten hervorgehen und auch dein Wissen, wie du diese Fähigkeiten zum Vorteil des Unternehmens im beruflichen Alltag einsetzt. Die Voraussetzung dafür hast du bereits mit deinen bisher erfolgten Bildungschancen und der Recherche über das Unternehmen erfüllt, jetzt gilt es dieses Wissen auf Papier zu bringen. Wer auch immer deine Bewerbung liest, soll merken, dass du keine Mühe gescheut hast, um eine ausgezeichnete Bewerbung zu verfassen, dich mit dem Unternehmen, der freien Stelle und mit dir selbst auseinandergesetzt hast und mehr als bereit für diesen Job bist.

Zur perfekten Bewerbung gehört auch, dass du sie in der Form einreichst, in der das Unternehmen deine Bewerbung gerne erhalten würde. Wenn auf der Firmenseite notiert ist, dass

Bewerbungen gerne auf elektronischem Wege entgegengenommen werden, dann mach das! Schließlich bist du fähig einfachste Informationen zu verarbeiten. Falls das Unternehmen deines Interesses Bewerbungen auf postalischem Weg erhalten möchte, dann ist zumeist eine entsprechende Adresse angegeben. Versuche deine Bewerbung möglichst direkt an die Personalabteilung oder sogar den Geschäftsführer zu senden, denn auf dem Tisch der Sekretärin des Vorzimmers des Abteilungsleiters der Außenstelle des Unternehmens hat deine Bewerbung nichts verloren. Eine deiner Aufgaben ist es also die entsprechende Ansprechperson herauszufinden und diese auch namentlich in deinem Bewerbungsschreiben zu nennen – du hast schließlich ein Ziel und möchtest nicht, dass irgendwelche namenlose „Sehr geehrte Damen und Herren…“ deine Bewerbung entgegennehmen! Natürlich hast du auch die Möglichkeit deine Bewerbung persönlich abzugeben und auch dann gilt: Deine Bewerbung gehört nicht in die Hände der Empfangsdame oder des Empfangsherren, sondern in die Hände der Personaler. Sonst hättest du deine Bewerbung auch per Post losschicken können… Falls du nicht direkt die Möglichkeit bekommst deine Bewerbung persönlich an die zuständige Person des Unternehmens weiterzugeben, dann erkundige dich nach einem besseren Zeitpunkt oder lass dir sogar einen Termin für diesen Anlass finden.

Achso, noch ein Tipp unter uns: Der eine oder andere Personaler wird dich möglicherweise auf sozialen Netzwerken oder ähnliches suchen, um Informationen über dich herauszufinden. Das ist zwar nicht die feine englische Art, aber kommt dennoch vor. Achte also auch auf deinen Auftritt in der weiten Welt des virtuellen Netzes und stelle sicher, dass du dich auf deinen sozialen Netzwerken seriös präsentierst oder diese nicht ohne weiteres einsehbar sind. Sich selbst zu googeln, kann auch interessant sein! Welche ungewöhnlichen Maßnahmen würdest du ergreifen, um eine dir unbekannte Person ohne großen Aufwand kennenzulernen?

## Welche Unterlagen gehören in die Bewerbungsmappe?

Neben deinem Bewerbungsschreiben natürlich auch dein Lebenslauf, deine Zertifikate und Abschlusszeugnisse. Alle Informationen, die für die Bewerbung für eine bestimmte Position von Bedeutung sind, sollten in der Bewerbungsmappe zu finden sein. Du hast bereits ein Praktikum in einer ähnlichen Position absolviert? Die Nachweise und Referenzen darüber gehören definitiv in die Bewerbungsmappe. Du hast während eines Auslandsaufenthaltes in einer sozialen Einrichtung gearbeitet, das gehört für dich aber nicht zwangsläufig zu der ausgeschriebenen Position? Gehört auf jeden Fall rein! Zeige, welche Stationen du in deinem Leben bereits passiert hast, dass du engagiert und lernfähig bist. Füge all deine Nachweise, Qualifikationen und Zeugnisse in Kopie deinem Bewerbungsschreiben bei, auch wenn du denkst, dass diese vielleicht nicht relevant sind. Gehe immer davon aus, dass die Person, die deine Bewerbung entgegennimmt, dich nicht kennt und sich ein möglichst umfassendes Bild von dir machen möchte. Überlege also, welche deiner Nachweise, Qualifikationen und Zeugnisse was über dich aussagen und ob die daraus hervorgehenden Informationen für eine fremde Person hilfreich sein könnten. Zeig´, was du zu bieten hast!

## Liebe auf den ersten Blick!

Bevor du anfängst, noch einige Worte zum Aussehen deiner Bewerbung. Achte darauf, dass deine Bewerbung das repräsentiert, was du bist: Wichtig und seriös. Du verwendest also kein Discounter-Druckerpapier und eine billige Bewerbungsmappe, sondern investierst hier in besonders hochwertiges Papier, das mindestens 100g/m² dick ist. Das hört sich für dich nach einer unnötigen finanziellen Investition an? In welchem Outfit würdest du zu deiner Hochzeit erscheinen? Wahrscheinlich nicht im Jogginganzug, außer ihr feiert eine Motto-Hochzeit und selbst dann wirst du dich in einen vermutlich unglaublich hochwertigen Jogginganzug hüllen. Und genauso solltest du es auch bei deiner Bewerbung halten, denn der erste Eindruck zählt. Allein das hochwertige Aussehen deiner Bewerbungsmappe und die spürbare Qualität des Papiers werden dich von vielen Mitbewerbern abheben – der erste Vorsprung ist also geschafft!

Nicht nur von der Qualität des Materials profitierst du, sondern auch von einem überzeugenden, stilvollen Design deiner Bewerbung. Was zuerst ins Auge fallen sollte, ist dein klar gegliedertes und stilvolles Deckblatt auf dem folgende Punkte gut lesbar vorhanden sein sollten:

- Bewerbung als z.B. Social Media Manager
- Dein Name, deine Adresse und deine Kontaktdaten

- Optional die Anlagen
- Optional der Name und die Adresse des Unternehmens
- Optional ein ausdrucksstarkes Foto von dir, das du unbedingt von einem professionellen Fotografen machen lässt.

Im Internet wirst du mehr als ein gutes Beispiel für ein gelungenes Deckblatt finden, es ist durchaus erlaubt sich hier stilistische Anregungen zu holen. Andernfalls kannst du auf diversen Freelancer Plattformen im Internet einen professionellen Designer für einen gewissen finanziellen Aufwand damit beauftragen ein individuelles und stilsicheres Deckblatt für dich zu kreieren. Sollte dich diese Möglichkeit interessieren, schau dich doch mal nach den preislichen Gegebenheiten um – es ist nicht so kostenintensiv, wie du vielleicht denkst! Und falls du schon dabei bist, kannst du eventuell auch die restliche Gestaltung deiner Bewerbung in Auftrag geben.

Bei eigentlich jedem Schreibprogramm gibt es die Option ein vorgefertigtes Briefformat als Vorlage zu nutzen und dies solltest du auch tun. Denn dann sitzt das Datum bereits dort, wo es hingehört und der Stil ist schön einheitlich. Folgende Angaben sollten definitiv auf deinem Schreiben nicht fehlen:

- Datum
- Dein Name, deine Adresse und deine Kontaktdaten

- Der Name und die Adresse des Unternehmens
- Die Nennung des Ansprechpartners im Unternehmen
- Der eigentliche Bewerbungstext
- Die galante Verabschiedung
- Wahlweise auch die Auflistung beigefügter Arbeitsproben, Zeugnisse und Qualifikationen

Ganz egal, welche Informationen du deiner Bewerbung beifügst, achte darauf, dass alles einen einheitlichen Stil aufweist und nicht das Anschreiben in Schriftart Arial, Größe 12 und der Lebenslauf in Schriftart Times New Romans, Größe 9 gehalten ist.

## Der Lebenslauf

Der Lebenslauf ist natürlich eine interessante Informationsquelle, die es dem Personaler ermöglicht einen guten Überblick über dein Leben und dich als Person zu erhalten. Im Internet findest du mehr als ein gutes Beispiel für tabellarische Lebensläufe und dennoch solltest du diese nicht unverändert übernehmen. Die Chance ist einfach zu groß, dass schon viele Bewerber genau diese Vorlage verwendet haben und deine Bewerbung somit austauschbar und nicht originell erscheint. Verändere also die Vorlage so, dass sie zum Rest deiner Bewerbung passt. An mindestens einer Stelle in deiner Bewerbung sollte ein ausdrucksstarkes und seriöses Foto von dir zu sehen sein. Falls du dies nicht bereits auf deinem Deckblatt platziert hast, dann füge es nun in deinen Lebenslauf ein. Die Zeiten, in denen tabellarische Lebensläufe in einem langweiligen 0-8-15 Stil im Schreibprogramm erstellt wurden, ist längst vorbei. Versorge dich mit einigen stilistischen Anregungen aus dem Internet und gestalte ein Meisterwerk, das zu deiner angestrebten Position passt. Folgende Angaben sollten definitiv nicht fehlen:

- Dein Name, deine Adresse, deine Kontaktdaten, dein Geburtsdatum und dein Familienstand
- Eine stichwortartige Zusammenfassung deiner besonderen Fähigkeiten – Welche zusätzlichen beruflichen Qualifikationen hast du außerhalb deiner

Basisausbildung/deines Werdegangs erworben? Welche Sprachen sprichst du?

- Deine schulische und berufliche Laufbahn mit entsprechenden zeitlichen Angaben – Welche Erfahrungen und Auszeichnungen hast du mitgenommen?
- Das aktuelle Datum und eine handschriftliche Unterschrift

Dein Lebenslauf sollte maximal drei Seiten lang und im einheitlichen Stil gehalten sein.

# Kapitel 3: Die perfekte Bewerbung

Das Bewerbungsschreiben ist DIE Möglichkeit deine Fähigkeiten und deine Vision kurz und knackig zu präsentieren. Das Bewerbungsschreiben ist dein Aushängeschild und dementsprechend sollten alle relevanten Informationen, die dich als starke Persönlichkeit unterstreichen, aus diesem Bewerbungsschreiben hervorgehen. Vielleicht hast du bisher gedacht, dass dein aussagekräftiger und bewundernswerter Lebenslauf und die Noten auf deinen Abschlusszeugnissen genug sein müssten, um dir deine Traumposition einzufahren – Überraschung, es ist nicht so! Mit guten Abschlüssen und interessanten Lebensläufen können viele Menschen glänzen, verlasse dich also nicht allein auf diese Faktoren. Natürlich ist es hilfreich in diesen Bereichen glänzen zu können, aber das Bewerbungsschreiben gibt dir die Chance dich persönlich zu präsentieren und eine direkte Verbindung aufzubauen. Deine zukünftigen Arbeitgeber möchten von dir wissen, ob du wie geschaffen für die Position bist und ob deine Einstellung einen erheblichen Mehrwert für den gesamten Betrieb darstellt. Die entsprechenden Recherchen hast du hoffentlich schon fertig!

An dieser Stelle solltest du dich auch fragen, wie du deine Bewerbung aufteilst, denn manche Arbeitgeber möchten gerne ein Motivationsschreiben von dir erhalten. Dann musst du kein ausführliches Bewerbungsschreiben anfertigen, sondern vor allem ein generelles Anschreiben und ein Motivationsschreiben.

Sowohl für das ausführliche Bewerbungsschreiben, als auch für das Motivationsschreiben kannst du die nachfolgenden Informationen für die Anfertigung nutzen. Auf dem Anschreiben sollte vor allem vermerkt sein, für welche Position du dich bewirbst, welche Anlagen du dem Anschreiben beigefügt hast und dass du dich über eine Rückmeldung freuen würdest. Wie du siehst, teilst du an dieser Stelle die formellen und persönlichen Informationen in zwei Dokumenten auf. Möglicherweise greifst du hier auf in deinem Lebenslauf genannte Informationen zurück. Achte also darauf, dass du jede einzelne Information in einen positiven Bezug zu der ausgeschriebenen Stelle setzt!

## Phrasen, Phrasen, Phrasen

Es gibt sicherlich einige Phrasen, die die Personalabteilung in 95% der Bewerbungen vorfindet und die keinerlei Mehrwert haben und... einfach nur noch nerven. Wenn du dich tatsächlich von der Masse an Bewerbern absetzen möchtest, dann versuche langweilige und abgedroschene Phrasen zu vermeiden, die dich selbst auch nicht vom Hocker reißen würden. Falls du schon einmal eine Bewerbung geschrieben hast, dann nehme sie dir noch einmal vor und lese sie mit den Augen eines Personalchefs durch: Welche Phrasen sprechen dich so gar nicht an? Denk daran, dass der Personalchef dich nicht kennt und dich absolut ohne Mitleid mit härtester Kritik bewertet, denn zunächst einmal ist deine Bewerbung für ihn ohne irgendwelche persönlichen Verknüpfungen und rein informativ. Klar, steht deine Persönlichkeit dahinter, aber das musst du beim kritischen Lesen für einen kurzen Moment ausblenden. Unter den Top 10 der langweiligen Phrasen sind wahrscheinlich:

- Hiermit bewerbe ich mich als... (Langweiliger Mitarbeiter?)
- Ich habe bereits auf dem Himalaya seltene Tauben gezüchtet... (Das nützt dem Unternehmen inwiefern?)
- Mein Wunsch war es schon immer für Ihr Unternehmen zu arbeiten... (Wo warst du dann die letzten fünf Jahre?)
- Ich habe die Realschule abgeschlossen, dann eine Ausbildung gemacht und danach zwei Jahre bei xy

gearbeitet... (Wunderbar, gehört in den Lebenslauf oder mit einem Mehrwert verknüpft!)

- Mit großem Interesse habe ich... (Wer lässt sich noch von dieser Floskel begeistern?)
- Nach vielen erfolglosen Bewerbungen... (Das geht den Personalchef nichts an!)
- Meine herausragenden Fähigkeiten im Bereich xy heben mich deutlich von den anderen Bewerbern ab... (Vielleicht hat sich ja auch Bill Gates beworben?)

Wie du siehst, sind Arroganz, Überheblichkeit, einfallslose Floskeln und leere Informationen nicht das, was dich interessant wirken lässt. Versuche also alle Informationen, die du nennst, auf dich als lebendigen Mehrwert für das Unternehmen zu beziehen. Alle stupiden Informationen finden die Personalchefs in deinem Lebenslauf und somit geht es im Bewerbungsschreiben tatsächlich nur darum, dass du eine Idee deiner genialen Persönlichkeit vermittelst. Achte genau darauf, dass keine Sätze enthalten sind, die nicht in irgendeiner Form eine wichtige Information über dich vermitteln!

Wo wir bereits bei unnötigen Phrasen sind, können wir direkt mit den unnötigen Füllwörtern weitermachen. Versuche, wenn möglich, die Worte „dynamisch, proaktiv, Teamplayer, innovativ und motiviert" wegzulassen, denn diese werden von deinen Mitbewerbern sicherlich zuhauf verwendet. Orientiere dich lieber daran weniger aufdringliche Worte zu verwenden oder entsprechend weniger häufige Synonyme dieser Wörter zu nutzen. Und wo es hier grade um Detailarbeit geht: Die Nutzung des Passivs oder des Konjunktivs gilt es ebenfalls zu vermeiden! Setze auf kurze, präzise Sätze und versuche dein Bewerbungsschreiben auf maximal zwei Bausteine zu begrenzen. Denk daran, dass wohl kaum ein Personalchef der Welt Zeit hat sich mit ellenlangen Bewerbungen auseinanderzusetzen, wenn man die darin enthaltenen Informationen auch knapp und präzise ausdrücken könnte. Eine seriöse Ausdrucksweise sollte natürlich die Basis für all das sein, es bringt nichts, wenn du dich super „korrekt" im Bewerbungsschreiben ausdrückst, aber man im persönlichen Gespräch direkt merkt, dass das nicht dein wahres Ich wieder spiegelt.

## Die Verbindung zum Unternehmen herstellen – das Bewerbungsschreiben einleiten

Um in ein Bewerbungsschreiben zu starten, bietet es sich an einen Verbindungspunkt mit dem Unternehmen herzustellen. Dazu gehört, dass du kurz erläuterst, wie und wo du auf die Stellenanzeige aufmerksam geworden bist oder warum du dich dafür entschieden hast eine Initiativbewerbung rauszuschicken. Falls du vor dem Schreiben der Bewerbung bereits Kontakt zu dem Unternehmen hattest, entweder durch ein Telefonat, einen E-Mail Kontakt oder sogar ein Gespräch mit einer führenden Persönlichkeit der oberen Etagen, dann sollte diese Information unbedingt ins Bewerbungsschreiben. Diese Tatsache eignet sich wunderbar, um eine erste Verbindung zwischen dir und dem Unternehmen aufzuzeigen und in das eigentliche Schreiben zu starten. An dieser Stelle die Standardfloskeln wegzulassen, zeigt auch, dass du dir durchaus Gedanken über deine Bewerbung gemacht und nicht wahllos abgedroschene Floskeln übernommen hast. Dies kann bereits einen ersten positiven Eindruck hinterlassen. Statt „Wie in unserem Telefonat vom..." könntest du auch ein knackiges „Vielen Dank für das angenehme Telefonat vom 02.01.2019. Sie haben Ihr Unternehmen überaus eindrucksvoll präsentiert und mich noch einmal mehr davon überzeugt, dass ich meinen beruflichen Werdegang in Ihrem Unternehmen fortführen möchte..." Der Unterschied ist, dass du dich sofort auf eine persönliche, aber höfliche Ebene begibst, die deinen potenziellen Leser miteinbindet. Je nachdem, wie sich das Unternehmen an sich präsentiert – seriös, humorvoll, frisch, innovativ, konservativ – solltest du dich auch in deiner Bewerbung präsentieren. Besonders bei einem jungen und hippen Unternehmen, wo du am Telefon bereits geduzt worden bist, kannst du dich natürlich auch ein wenig weiter aus dem Fenster lehnen und einen humorvollen Start wagen: „Liebe Iris, vielen Dank für das herzliche Telefonat vom 02.01.2019. Wie du bereits weißt, bin ich von eurem Unternehmen restlos begeistert und möchte mich gerne in Zukunft als z.B. Social Media Manager bei euch einbringen.“ Auch hier ist eine gewisse Formalität bewahrt, aber du solltest dir sicher sein, dass du damit den entsprechenden Ton des Hauses triffst. Damit beweist du schon, dass du Social Skills hast!

## Teil I: Deinen Wert in Worte fassen

Im ersten Teil der Bewerbung geht es um dich, doch solltest du möglichst Sätze, die mit „Ich…“ beginnen vermeiden. Erwähne, welche vergangenen Erfahrungen dich auf welche Weise für die angebotene Stelle qualifizieren. Bewirbst du dich beispielsweise als Übersetzer, kannst du durchaus deine einjährige Erfahrung an der Universität des Landes mit der Zielsprache miteinfließen lassen und erwähnen, dass du bereits zwei Jahre für ein großes Unternehmen im Ausland als freiberuflicher Übersetzer gearbeitet hast:

„Bei meinem einjährigen Aufenthalt in Israel konnte ich mich nicht nur mit den kulturellen Feinheiten des Landes vertraut machen, sondern auch meinen Wortschatz in den Bereichen Medienlandschaft, Politik und Sozialwissenschaften signifikant erweitern. Dieses Wissen kann ich bei meiner Ausübung als Übersetzer für fachspezifische Texte in diesem Bereich gewinnbringend einsetzen. Bei meiner zweijährigen Zusammenarbeit als freiberuflicher Mitarbeiter mit dem israelischen Unternehmen xy konnte ich bereits Erfahrung mit den Übersetzungsprogrammen X und Y sammeln und hatte die Möglichkeit Projekte im großen Umfang zu leiten. Dieser Erfahrungsschatz ermöglicht es mir eigenständig Mitarbeiter anzuleiten und eine reibungslose Zusammenarbeit innerhalb der Arbeitsgruppe zu garantieren.“

Hast du Softskills und Extraqualifikationen, die du an dieser Stelle unbedingt erwähnen solltest, weil sie zum Aufgabenprofil der ausgeschriebenen Stelle passen? Versuche möglichst jede Forderung mit einer deiner Qualifikationen zu beantworten und am Schluss noch ein i-Tüpfelchen draufzusetzen: Was ist deine stärkste Fähigkeit, die zwar nicht in der Stellenausschreibung gefragt ist, aber dem Unternehmen einen absolut unwiderstehlichen Mehrwert bieten würde? Versuche deinem unbekannten Gegenüber durch wenige Worte von dir zu begeistern und neugierig auf mehr zu machen.

## Teil II: Begründe die Wahl des Unternehmens

Was fasziniert dich an dem Unternehmen (Ich hoffe sehr, dass dich irgendetwas tatsächlich fasziniert und du dir hier keine Märchen ausdenken musst, sonst wäre es sicherlich nicht das passende Unternehmen für dich)? Interessierst du dich für die Software, für den hohen Qualifikationsstandard der Mitarbeiter, für die ethische Ausrichtung, für die innovativen Projekte oder die neuartige Einbindung der Mitarbeiter bei etlichen unternehmerischen Prozessen? Dann schreibe genau darüber und setze dies auch in Verbindung zu deinen Fähigkeiten. Geht es zum Beispiel über die demokratische Einbeziehung der Mitarbeiter, dann erwähne, dass du bereits mit hoher Eigenverantwortung dies und jenes Projekt abgeschlossen hast und dich freuen würdest deine Softskills in der Zusammenarbeit mit qualifizierten Mitarbeitern aufblühen zu lassen. Oder bist du von der makellosen Qualität der Produkte des Unternehmens begeistert? Auf welche Weise könntest du zu diesem Herstellungsprozess beitragen?

## Teil III: Bringe Teil I und Teil II in Verbindung – der Mehrwert

In diesem Teil geht es darum zu erläutern, warum das Unternehmen und die Stelle zu dir als Person passen und umgekehrt. Du arbeitest also in Form einer Konklusion den Mehrwert deiner Person für das Unternehmen heraus und erklärst auf diese Weise, wieso deine Einstellung ein Profit für das gesamte Unternehmen darstellt. Falls in der Stellenausschreibung darauf hingewiesen wurde, dass du deine Gehaltsvorstellung angeben sollst, dann ist jetzt der richtige Zeitpunkt dafür. Schließlich hast du dich selbst angepriesen, deine Wahl für das Unternehmen begründet und ein entsprechend positives Fazit für die Zukunft daraus gezogen. Es wird also Zeit, dass du deinen finanziellen Wert nennst. Mein Tipp: Wähle hier keinen centgenauen Betrag, sondern vielmehr eine Gehaltsspanne, die nicht grade von 4-4000 Euro die Stunde reicht, damit du einen gewissen Verhandlungsspielraum anbietest.

## Was folgt nach Teil III?

Die Verabschiedung und der call to action. Es ist durchaus höflich, wenn du dich für die Aufmerksamkeit bedankst und eventuell erwähnst, dass du dich über eine Möglichkeit für ein persönliches Gespräch freuen würdest. Ich gebe dir an dieser Stelle extra keine fertige Floskel vor, damit du auch dies in deinem ganz persönlichen und einheitlichen Stil verschriftlichen kannst. Ein nettes „Mit freundlichen Grüßen" funktioniert natürlich immer, aber auch andere originelle, förmliche Verabschiedungen sind denkbar: „Mit freundlichen Grüßen nach Köln".

Und was folgt nach der Verabschiedung? Die gnadenlose Rechtschreibprüfung. Verlasse dich dabei nicht ausschließlich auf die Rechtschreib- und Grammatikprüfung deines Schreibprogramms, sondern orientiere dich auch an (kostenlosen) Rechtschreibprüfungen online, die meistens wesentlich ausführlicher prüfen. Nutze auch gerne mehrere dieser Rechtschreibprüfungen, lese dir deine Formulierungen selbst laut vor und schlafe vor allem nochmal eine Nacht darüber. Erst dann ist auch dieser Teil abgeschlossen. Anschließend setzt du eine handschriftliche Unterschrift unter dein Werk und zwar nicht in Neonpink, sondern in schwarz, also der Schriftfarbe deines Dokuments. Fertig!

# Kapitel 4: Das Vorstellungsgespräch meistern

So, nun hast du die erste Hürde gemeistert und wurdest du einem Vorstellungsgespräch eingeladen. Falls dies dein erstes Vorstellungsgespräch sein sollte oder du bereits negative Erfahrungen in vorangegangenen Vorstellungsgesprächen gesammelt haben solltest, dann ist das anstehende Vorstellungsgespräch noch lange kein Grund zur Panik. Und auch wenn du noch nicht zu einem Vorstellungsgespräch eingeladen wurdest und den schriftlichen Teil deiner Bewerbung abgeschlossen hast, ist jetzt der ideale Zeitpunkt, um dich auf ein solches Vorstellungsgespräch vorzubereiten. Die Vorbereitung auf dieses persönliche Gespräch mit deinem potenziellen zukünftigen Arbeitgeber kannst du nur dann bestens meistern, wenn du dir durch ausreichend Vorbereitung einen großen Teil von deiner Nervosität genommen hast. Ich empfehle dir keinesfalls auf beruhigende Mittel für deinen großen Auftritt zurückzugreifen, weil ein wenig Aufregung deinem Gehirn den nötigen Sauerstoff verpasst, den du gut für deine Selbstpräsentation benötigen kannst. Falls du beim Vorstellungsgespräch träge und irgendwie abwesend wirkst, weil du beruhigende Mittel eingenommen hast, dann musst du eigentlich gar nicht hingehen.

## Kleider machen Leute

Worum geht es im Vorstellungsgespräch? Schließlich wissen deine potenziellen zukünftigen Arbeitsgeber schon einiges über dich, was du ihnen in deiner Bewerbung verraten hast. Es geht hier darum dich als Menschen kennenzulernen und zu erfahren, ob die Angaben in deiner Bewerbung zu einer tatsächlich ausdrucksstarken, selbstsicheren und eindrucksvollen Persönlichkeit gehören. Um deine Seriosität und Professionalität auf den ersten Blick zu zeigen, solltest du dich entsprechend in Schale werfen. Dazu gehört abzuschätzen, was für dein Unternehmen „in Schale werfen" bedeuten könnte. Natürlich musst du dich nicht weit aus dem Fenster lehnen und plötzlich in Versace gekleidet auftreten. Vielmehr gilt es in stilvolle und zu dir passende Kleidung zu investieren, die ausdrückt, dass du dich im berufsbezogenen Kontext passend zu kleiden weißt – Social Skills! Bewirbst du dich bei einem Berliner Start Up Unternehmen, bei dem in der Mittagspause Yoga gemacht wird? Dann wäre ein schicker Anzug wohl leicht übertrieben. Bewirbst du dich bei einem internationalen Unternehmen in einer gehobenen Position? Dann her mit dem Anzug! An dieser Stelle solltest du nicht am Outfit sparen und eventuell in passende Kleidung investieren, die für dich so gemütlich ist, dass du während des persönlichen Gesprächs nicht an deinen zwickenden Gürtel denken musst. Das wird es dir leichter machen dich zu konzentrieren und dich wohlzufühlen – und für deinen nonverbalen Ausdruck ist das überaus wichtig! Wo wir schonmal beim nonverbalen Ausdruck sind...

## Die nonverbale Kommunikation

Wusstest du, dass rund 80% unserer Kommunikation nonverbal abläuft? Die wenigsten Menschen wissen das und dementsprechend wissen auch die wenigsten Menschen ihre nonverbale Kommunikation gewinnbringend und effektiv einzusetzen. Zur nonverbalen Kommunikation gehört alles, was nicht als Worte aus deinem Mund kommt. Dazu zählt deine Gestik, deine Mimik und deine Körperhaltung. Über deine körperliche Kommunikation drückst du deine Gefühle und Gedanken aus – die auch zu einem Großteil unterbewusst und unbewusst sind. Vielleicht fragst du dich jetzt, wie du bei all diesen unbewussten und unbekannten Faktoren deine nonverbale Kommunikation optimieren kannst... Das ist reine Übungssache und wenn du nette Freunde hast, können sie dir dabei helfen deinen nonverbalen Ausdruck zu optimieren. Ansonsten gibt es natürlich auch in diesen Bereichen professionelles Coaching!

Während dem Bewerbungsgespräch achtest du darauf die nonverbale Kommunikation deines Gegenübers nachzuahmen – sofern diese positiv zu werten ist. Falls dein Gegenüber eine äußerst aggressive Körpersprache hat, dann darfst du davon natürlich Abstand nehmen. Es geht nicht darum jemanden zu kopieren, sondern sich dem generellen Ton anzupassen. Falls dein Gesprächspartner sehr leise sprichst, wirst du ihn kaum anschreien und so sollte es auch auf nonverbaler Ebene funktionieren. Dazu gehört, dass du den Händedruck im gleichen Tonus erwiderst, wie ihn dein Gesprächspartner dir präsentiert. Den meisten Menschen ist es unangenehm mit unbekannten Menschen auf Tuchfühlung zu gehen und das solltest du natürlich auch bei der Begrüßung berücksichtigen und deinem Gesprächspartner nicht zu nahe rücken. Generell gilt, dass eine Armlänge Abstand einen respektvollen Abstand darstellt und du mit deiner Körperhaltung nicht zu weit in den Raum deines Gegenübers eindringen solltest. Du folgst mit deiner nonverbalen Kommunikation deinem Gesprächspartner. Das heißt auch, dass dein Gesprächspartner dir nonverbal oder kaum merklich zeigen wird, wann und wo du dich hinzusetzen hast. Achte beim Sitzen darauf nicht nervös mit deinem Fuß zu wippen, denn die kleinen, aber feinen Bewegungen wird dein Gegenüber unterbewusst – oder bei geübten Menschen auch bewusst – an deiner gesamten Körperbewegung wahrnehmen. Übe möglichst schon einige Zeit vor dem eigentlichen Bewerbungsgespräch, wie du dich selbstbewusst bewegst und einen offenen Blickkontakt zu Menschen suchst. Im Idealfall fühlst du dich in deiner Haut so wohl, dass du über diese Feinheiten nicht aktiv nachdenken musst, sondern sie ganz natürlich auftreten. Du möchtest schließlich ausstrahlen, dass du kein Problem mit zwischenmenschlichem Kontakt hast, dir deines Werts sicher bist und die Situation voll im Griff hast. Wenn du Ansätze von Stress oder Panik auf nonverbale Weise ausdrückst, löst dies in der Regel auch Stress bei deinem Gegenüber aus. Das wird nicht unbedingt für eine entspannte und professionelle Atmosphäre sorgen. Übe also vorher, wie eine aufrechte, selbstbewusste, offene und entspannte Körperhaltung und Bewegungen funktionieren, übe ein natürliches Lächeln auf dein Gesicht zu zaubern.

Ein kleiner Tipp: Gehe vor deinem Bewerbungsgespräch eine Runde durch einen nahegelegenen Park spazieren, lasse dich unmittelbar vorher massieren oder gönne dir eine andere entspannende Maßnahme. Dies wird sich deutlich an deiner nonverbalen Kommunikation zeigen und auch an deiner Stimmung.

## Die verbale Kommunikation

Selbstverständlich spielt auch die verbale Kommunikation eine große Rolle. Und auch das lässt sich üben. Solltest du nervös sein und es höchstwahrscheinlich nicht verbergen können, dann kann auch ein ehrliches „Ich bin ein wenig nervös, dieser Arbeitsplatz in Ihrem Unternehmen wäre eine großartige Chance für mich.“ Das kostet zwar Überwindung, lässt dich aber ehrlich und authentisch erscheinen – ganz nebenbei wird es deine Angst sicherlich auch ein wenig lösen.

Zur verbalen Kommunikation gehört auch, dass du eine feste Stimme, einen selbstbewussten Ton und eine eloquente Ausdrucksweise vorweisen kannst. Das alles lässt sich üben und das solltest du auch. Nehme dir auch für deinen verbalen Ausdruck ein wenig Zeit und plaudere fröhlich vor dich hin, übe auf verschiedene Fragen zu Antworten und dabei einen souveränen verbalen Eindruck zu hinterlassen. Dabei ist es auch wichtig nicht zu schnell und nicht zu langsam zu reden, nicht zu laut und nicht zu leise, nicht zu hoch und nicht zu tief, ... also einfach ganz natürlich. Versuche das Bewerbungsgespräch zu einem normalen Fachgespräch werden zu lassen, indem du deine Expertise zeigen kannst. Sei dir zu jedem Zeitpunkt bewusst darüber, dass das Unternehmen einen grandiosen Fang mit dir macht, wenn es dich einstellt. Du hast das geforderte Fachwissen und musst dich keineswegs untergeben fühlen.

Mache also durch selbstbewusstes verbales Auftreten deutlich, dass du dir deiner Position bewusst bist.

Es geht nicht nur darum Fragen zu beantworten, sondern auch Fragen zu stellen. Bei den meisten Vorgesetzten kommt es erstaunlich gut an, wenn du deine Eigeninitiative und dein Interesse direkt während des Bewerbungsgespräches durch das Stellen eigener Fragen signalisierst. So ergibt sich auch eher die Chance aus einem steifen Bewerbungsgespräch ein produktives Fachgespräch werden zu lassen. Um die Fragen nicht gekünstelt oder eingeübt wirken zu lassen, solltest du möglichst die zuvor angesprochenen Themen deines Gesprächspartners aufgreifen und authentische Fragen formulieren. Dies funktioniert am besten, wenn du tatsächlich Fragen rund um das Bewerbungsverfahren, das Unternehmen und die ausgeschriebene Stelle hast. Solche Fragen kannst du dir bereits vor dem Bewerbungsgespräch zurechtlegen und dann spontan an den passenden Stellen im Gespräch einstreuen. Des Weiteren geht es inhaltlich auch darum nicht den Lebenslauf oder das Bewerbungsschreiben erneut aufzusagen, sondern zu zeigen, dass du das Wissen umsetzen kannst!

## Die üblichen Fangfragen und wie du darauf reagierst

Es gibt einige Fangfragen, die dich eigentlich bei jedem Bewerbungsgespräch treffen können. Diese zu kennen und auf diese gut vorbereitet zu sein, könnte dein Ticket in die nächste Runde sein! Die gängigen Fangfragen dienen dazu den Bewerber aus seinem eingeübten Konzept zu werfen und hinter die gut vorbereitete Kulisse zu sehen. Ideal, wenn dein Hintergrundwissen so fundiert ist, dass du selbst bei diesen trickreichen Fragen einen kühlen Kopf bewahren kannst. Gleichzeitig versucht dein Gesprächspartner durch diese Fragen durch eine Hintertür zu steigen und dir auf den Zahn zu fühlen. Damit du bestens gewappnet bist, erwarten dich jetzt einige der häufig vorkommenden Fangfragen:

### „Was schätzen Sie an unserem Unternehmen?"

Die Frage kann variieren, je nachdem welche Produkte oder Dienstleistungen das Unternehmen anbietet. Im Grunde genommen möchte dein Gesprächspartner von dir erfahren, ob du dich ausreichend mit dem Unternehmen an sich auseinandergesetzt hast. Und das hast du hoffentlich! Sollte das Unternehmen Werbeauftritte, Accounts auf sozialen Medien oder ähnliches nutzen, dann setze dich mit diesem öffentlichen Auftritt auseinander und bilde dir eine entsprechende Meinung.

Überlege dir genau, welche Beweggründe hinter diesem Auftreten stecken könnten.

### „Was sind Ihre fachbezogenen Informationsquellen?"

Dein Gesprächspartner möchte wissen, ob und wie du up to date bleibst und ganz nebenbei auch, ob du ein intrinsisches Interesse am Fachbereich des Unternehmens hast. Im Idealfall liebst du deinen Job und hältst dich durch das Sichten verschiedener Quellen und fachinternem Austausch auf dem neusten Stand. Hier kannst du auch anmerken, dass dein Interesse nicht nur temporär ist, sondern dass du dich auch auf die Veränderungen der entsprechenden Technologien/Verfahren freust, da du den Fortschritt gerne mitgestalten möchtest.

### „Erzählen Sie mir etwas über sich, was ich noch nicht weiß!"

Ok, natürlich solltest du nicht bewusst deinen Lebenslauf kürzen, um an dieser Stelle etwas zu berichten zu haben. Vielmehr solltest du dir im Vorfeld überlegen, welche zusätzliche Fertigkeit oder Fähigkeit dich zusätzlich interessant macht. Halte also ein kleines Ass im Ärmel.

## „Welches spezielle Interesse hast du genau an diesem Berufsfeld/der Nische des Unternehmens?"

Diese Frage erwartet dich besonders dann, wenn du dich für ein spezialisiertes Unternehmen für eine austauschbare Position beworben hast. Das heißt, du hast dich möglicherweise als Content Manager bei einer Hochzeitsagentur beworben. Schreibarbeit erwartet dich höchstwahrscheinlich in jedem Betrieb und jetzt möchte dein Gegenüber wissen, warum du dich für die Contentgestaltung bei einer Hochzeitsagentur interessierst. Was ist dein Grund?

## „Wo sehen Sie sich in fünf Jahren/Wie soll Ihre Karriere aussehen?"

Mit ein wenig Glück in Frührente auf den Malediven oder aber in einer fortgeschrittenen Position im Unternehmen selbst, denn hier geht es darum herauszufinden, ob du dir eine Zukunft in diesem Unternehmen vorstellen kannst oder ob diese Position eine Übergangslösung für dich ist. Halte deine Antwort bewusst offen und nenne keine spezifischen Positionen innerhalb des Betriebs. Betone vielmehr, dass du dich auf die gemeinsame Entwicklung freust und auf die weiteren Möglichkeiten der Zusammenarbeit gespannt bist – bezogen auf dein Berufsfeld.

## „Was sind Ihre Schwächen?"

Eine abgedroschene Frage, die aber immer noch durch die Bewerbungsgespräche hausiert. Ich empfehle dir an dieser Stelle keine erzwungen lustige Antwort a lá „Süßigkeiten" zu geben. Auch der Hinweis auf angeblichen Perfektionismus oder die Liebe zu Überstunden ist hier fehl am Platz, denn das spricht tatsächlich nicht für dich. Welche Eigenschaften dürfen einem Menschen in der von dir angestrebten Position auf keinen Fall fehlen? Als Pilot solltest du möglich kein Problem mit Jetlag haben. Probiere es hier vielmehr mit einer echten Schwäche, die du stark vereinfacht und in geringen Dosen preisgibst: „Meine Schwäche ist, dass ich bei besonders komplexen Projekten manchmal Schwierigkeiten habe Verantwortung abzugeben." Das ist eine ehrliche Schwäche, die du klar reflektiert hast. Wohlmöglich möchte dein Gegenüber bei deiner überraschend authentischen Antwort noch wissen, wie du mit deiner Schwäche umgehst und das solltest du dir möglichst auch schon zurechtgelegt haben.

## „Was unterscheidet Sie von den anderen Bewerbern?“

Was ist deine Einschätzung deines Wertes für das Unternehmen? Welche besondere Erfahrung aus vergangenen Berufserfahrungen kann diesem Betrieb nützen? Hast du möglicherweise beim Aufbau eines bestimmten Bereichs in einem Unternehmen mitgewirkt? Dann könnte dies deine Stärke sein, die dich von anderen Bewerbern abhebt, weil du einen besonderen Blick für die Weiterentwicklung und Optimierung von internen Prozessen hast. Dies ist für das Unternehmen, wo du dich beworben hast, warum von Interesse? Bleibe fachbezogen und lege dir eine kluge Antwort zurecht.

## „Halten Sie sich nicht für überqualifiziert?“

Nein, hältst du nicht, auch wenn du es auf dem Papier höchstwahrscheinlich bist. Was dein Gegenüber hier versucht herauszufinden ist, wo dein Schwerpunkt liegt und ob die Stelle bei diesem Unternehmen nur eine Zwischenlösung ist, bis du eine für deine Qualifikation passendere Anstellung gefunden hast.

### „Wenn Sie alle notwendigen Ressourcen zur Verfügung hätten, was würden Sie machen?"

Diese Frage ist der „5-Jahres-Frage" ähnlich, aber doch nicht ganz deckungsgleich. Dein Gegenüber möchte von dir wissen, dass du so großes Interesse an deinem Berufsfeld hast, dass du selbst mit einem immensen Lottogewinn bei der Sache bleibst, dich für Fortbildungen interessierst und dich weiter spezialisierst. Überlege also, welche weiterbildenden Maßnahmen Du ergreifen würdest, wenn du die entsprechenden finanziellen Ressourcen zur Verfügung hättest. Würdest du dir entsprechende fachliche Bereiche bei einem langen Auslandsaufenthalt näher ansehen? Würdest du in eine intensive Weiterbildung und Spezialisierung investieren? Was wäre dein nächster Schritt?

## „Welche Vorstellungen bezüglich Ihres Gehalts haben Sie?“

Deine Gehaltsvorstellung sollte auf einer Kombination aus dem für diese Position üblichen Tarif und deinen besonderen Qualifikationen basieren. Den eigenen Marktwert zu ermitteln, ist gar nicht so schwer. Mit einigen Klicks im Internet bist du um einige nützliche Informationen reicher. Es ist schlau keinen genauen Betrag zu nennen, sondern eine Gehaltsspanne oder eine kluge Umschreibung, wie „am oberen Ende der Gehaltsspanne“. Gut ist auch, wenn du direkt mit einer Gegenfrage voranschreitest und nach der entsprechenden Vorstellung deines Gegenübers fragst. Bleibe bei deiner Einschätzung realistisch: Untertreiben und übertreiben kommt nicht gut an und zeigt, dass du dich entweder nicht ausreichend informiert hast oder deine Leistung überteuert anbietest. In beiden Fällen wirst du wahrscheinlich direkt aus dem Bewerbungsverfahren geschmissen.

## Welche Informationen sind gefragt?

Bevor du dich in die Schlacht stürzt, solltest du dich fragen, welche relevanten Informationen von dir erwartet werden könnten. Dazu gehören natürlich die Daten und Angaben zu deiner Person und deinem beruflichen Werdegang, aber auch grundlegende Informationen über das Unternehmen und die angebotene Position selbst. Es ist immer gut noch ein wenig mehr Wissen in petto zu haben, als man bei der Bewerbung schon preisgegeben hat. Bezüglich des Unternehmens solltest du dich auf die Historie des Unternehmens stützen und dich darüber informieren...

- Wer die wichtigen Persönlichkeiten innerhalb des Unternehmens sind.
- Ob in der Vergangenheit Übernahmen/Fusionen stattgefunden haben.
- Welches die Zielsetzung des Unternehmens ist.
- Welchen Schwierigkeiten stand das Unternehmen in der Vergangenheit gegenüber?
- Welche nationalen und internationalen Geschäftsbeziehungen bestehen.
- Welche wichtigen internen Prozesse allgemein und speziell auf die angebotene Position bezogen wichtig sein könnten.
- Beschaffe dir grundlegende Fakten über Umsätze, Filialen, Mitarbeiterzahlen, Börsenzahlen und ähnliches.

- Mit wem wirst du beim Vorstellungsgespräch in Kontakt treten?
- Welche Informationen über das Unternehmen sind in Nachrichten und online Plattformen zu finden?
- Auf welche Produkte/Dienstleistungen hat sich das Unternehmen in der Vergangenheit und in der Gegenwart spezialisiert, hat es signifikante Veränderungen diesbezüglich gegeben?

Wenn du diese Informationen im Schlaf runterbeten und somit galant in deine Unterhaltung mit einfließen lassen kannst, ohne das dies gekünstelt wirkt, dann hast du schon einen monumental großen Vorteil gegenüber deinen Mitbewerbern. Kaum jemand gibt sich so intensive Mühe mit der Recherche, denn die allermeisten Bewerber verlassen sich fast ausschließlich auf ihre beruflichen Qualifikationen. Hinsichtlich deiner Position im Unternehmen solltest du dir auch über einige Punkte im Voraus klar werden:

- Welche Relevanz hat die von dir angestrebte Stelle für das Unternehmen?
- Wirst du reisen und wenn ja wie oft und wohin?
- In welchem Umfang wirst du Verantwortung übernehmen?
- Hast du Aufstiegsmöglichkeiten innerhalb des Unternehmens?
- Gibt es Weiterbildungsmöglichkeiten?

- Mit wem wirst du zusammenarbeiten?
- Wie wird dein durchschnittlicher Arbeitsalltag aussehen?
- Welche deiner Qualifikationen sind für diese Position besonders wichtig?
- Ab wann könntest du deine Position in dem Unternehmen beziehen?
- Handelt es sich um eine befristete oder unbefristete Stelle?

Je mehr Hintergrundwissen du vorweisen kannst, desto sicherer wird dein Auftreten und auch dein Eindruck bei deinen Gesprächspartnern sein. Und dann kannst du dich den wirklich wichtigen Fragen im Gespräch widmen, ohne deine Aufmerksamkeit damit belasten zu müssen dir Antworten auf grundlegende Fragen zurechtzulegen. Denk daran, dass die Zeit deiner kleinen Inszenierung begrenzt ist und du somit wertvolle Zeit einsparst, wenn du dich adäquat auf die möglicherweise auf dich zukommenden Fragen vorbereitest.

# Nachwort

Liebe Leserin und lieber Leser,

Ich hoffe, dass dir dieser Ratgeber zum Erstellen der perfekten Bewerbung gefallen und vor allem weitergeholfen hat! Im Idealfall konntest du viele wertvolle Informationen aus diesem Buch für dich und deinen beruflichen Werdegang mitnehmen. Die wichtigste Botschaft dieses Buches war definitiv, dass du immer den Mehrwert, den deine Person für das Unternehmen darstellt, herausarbeiten solltest, um eine persönliche und auch fachbezogene Verbindung zwischen dir und dem Unternehmen zu schaffen. Langweilige und schlichtweg nicht tief genug gehende Bewerbungen hängst du damit um Längen ab. Kommen dann noch dein gestalterisches Geschick, ein einheitlicher Stil und überzeugende Abschlüsse dazu, hast du den schriftlichen Teil der Bewerbung schon gewonnen. Du findest zahlreiche Tipps und Tricks in diesem Buch, die dir dabei helfen deinen persönlichen Wert in Worte zu fassen und in Verbindung mit der angebotenen Stelle zu setzen. Und auch für das persönliche Vorstellungsgespräch findest du mehr als eine wertvolle Information in diesem Buch, die dir dabei hilft deinem Gegenüber restlos von dir zu überzeugen. Falls du bei deinem ersten Bewerbungsgespräch merkst, dass du rhetorischen, charismatischen Nachholbedarf hast, dann sieh dich doch mal bei einem speziellen Coaching in deiner Umgebung oder online um. Meist reichen schon wenige Trainingsstunden, damit du ein

Gefühl dafür bekommst, wie du dich am besten mit deiner verbalen und nonverbalen Sprache in Szene setzen kannst – ohne zu übertreiben und ohne zu untertreiben natürlich. Alles in allem wird sich dieser ganze Aufwand lohnen, und zwar nicht nur für dein Bewerbungsgespräch, sondern auch für deine persönliche Entwicklung. Diese zeitliche und vielleicht auch finanzielle Investition ist also eine Investition in dein Humankapital und jeden Cent wert. Denke immer daran, dass du die Möglichkeit hast das Beste aus dir rauszuholen, wenn du entsprechend investierst. Und wer weiß, vielleicht bist du so begeistert von deinem Fortschritt, dass du bald zum Personal Coach wirst? Wo auch immer dich deine Reise hinführt, solange du dich auf dem Weg zu deinem Ziel stetig verbesserst, hast du gewonnen.

Viel Spaß beim Erstellen deiner Bewerbung und noch mehr Erfolg beim Bewerbungsgespräch wünsche ich dir!

Dein Bewerbungsprofi

# *Impressum*


*Auflage 1 2019.*

*Kontakt: Daniel Koch/Schloßbergstraße 8/59964 Medebach*
*Coverfoto: Depositfotos.com*
*Formatierung: Der Bewerbungsprofi*

Printed in Germany
by Amazon Distribution
GmbH, Leipzig

16533269R00035